Inhalt

Strom - zusätzliche Erlöse durch Lastmanagement

Kernthesen

Beitrag

Fallbeispiele

Weiterführende Literatur

Impressum

Strom - zusätzliche Erlöse durch Lastmanagement

Manuel Berkel

Kernthesen

- Industrie- und Gewerbebetriebe können bestehende Energiemanagementsysteme durch Lastmanagement ergänzen.
- Lastmanagement eignet sich nicht nur für die energieintensive Industrie.
- Lastmanagement leistet einen Beitrag zur Energiewende und zur Versorgungssicherheit.
- Pro Betrieb sind jährlich Erlöse im fünfstelligen Bereich möglich.
- Für eine breite Umsetzung muss der Gesetzgeber die Rahmenbedingungen verbessern.

Beitrag

Besonders dringend ist der Bedarf aus Sicht der Netzbetreiber in Süddeutschland, wo 2011 die meisten Atomkraftwerke vom Netz gegangen sind und bis 2022 noch abgeschaltet werden. Eine Studie der Denkfabrik Agora Energiewende geht davon aus, dass in Bayern und Baden-Württemberg industrielle Lasten im Umfang von bis zu 1 200 Megawatt (MW) für 30 Minuten verschoben werden können. Je länger der Zeitraum, desto geringer das Potenzial. Für zwei Stunden kann demnach noch eine Leistung von 850 MW verlagert werden. Knapp die Hälfte des Potenzials entfällt auf energieintensive Prozesse wie Metallbearbeitung und Elektrolyse. Lastmanagement ist aber auch in einer Vielzahl anderer Industrie- und Gewerbebetriebe möglich, nämlich bei Querschnittstechnologien wie Pumpen, Kompressoren, Verdichtern, Ventilatoren, Kühlhäusern und in der Gebäudetechnik bei der Heizung, Lüftung und Klimatisierung. (1)

Nicht zu verwechseln ist das Lastmanagement mit den Themen Energieeffizienz und Lastglättung. Ziel des Lastmanagements ist es nicht in erster Linie, den Energieverbrauch durch effizientere Technik zu senken. Es geht auch nicht allein darum, Lastspitzen zu senken, um für das Unternehmen unmittelbare betriebswirtschaftliche Vorteile aus niedrigeren

Netzentgelten beziehungsweise Leistungspreisen zu erzielen. Im Vordergrund steht beim überbetrieblichen Lastmanagement vielmehr der Nutzen für das gesamte Stromsystem. Um Erlöse zu erzielen, muss der Betrieb also seine Produktion oder Gebäudetechnik in gewissem Umfang nach den Erfordernissen von Dritten ausrichten.

Kleinere Anbieter schließen sich zusammen

Ein Beispiel aus der energieintensiven Industrie ist das Salzbadhärten von Metallteilen. Dabei wird Metall in einer elektrisch erhitzten Lauge abgeschreckt. Unter bestimmten Bedingungen können die Öfen die Heizleistung auf Anforderung für 15 bis 120 Minuten um bis zu 500 Kilowatt (kW) erhöhen, ohne dass Produktionsabläufe oder Produktqualität beeinträchtigt werden. In dieser Größenordnung ermöglicht das Lastmanagement Erlöse von bis zu 40 000 Euro pro Jahr. Verfügen Betriebe nur über Anlagen mit geringerer Leistung, können sie sich zu einem Pool zusammenschließen und ihre Leistung gemeinsam anbieten. Die Beschaffung und Vermarktung übernehmen Dienstleister, sogenannte Aggregatoren. (2)

Potenziale für Lastverschiebungen finden sich vor

allem dort, wo Betriebe bereits über Speichermöglichkeiten verfügen. Das können zum Beispiel Druckluft-, Hydraulik-, Kälte- oder Wärmespeicher sein. In diesem Zusammenhang kann es sinnvoll sein, pneumatische oder hydraulische Antriebe nicht durch elektrische zu ersetzen. Kälte- und Wärmespeicher sind auch das Betriebsgebäude und die Luft im Inneren. In der Lüftungsanlage sind dabei drehzahlgeregelte Ventilatoren von Vorteil, die ihre Leistung drosseln können. (3)

Energiemanagementsystem als Basis

Um das Lastmanagement zu implementieren, greift ein Unternehmen am besten auf ein bestehendes Energiemanagementsystem zurück. Um Speichermöglichkeiten und maschinengenaue Lastgänge zu ermitteln, sind in der Regel aber weitergehende Messungen erforderlich. Verschiebungspotenziale müssen dann in die Produktionsplanung integriert werden. Anhaltspunkte können die speicherprogrammierbaren Steuerungen der einzelnen Anlagen liefern, die Entscheidung über Produktionsanpassungen verbleibt allerdings beim Produktionsleiter. Falls sich der Betrieb die Option offenhalten möchte, flexibel auf geänderte

Produktionsanforderungen zu reagieren, scheiden häufig bestimmte Vermarktungsmöglichkeiten aus, vor allem der Regelenergiemarkt, weil dort sehr strenge Teilnahmebedingungen herrschen. Marktverantwortliche sind in diesem Fall die Übertragungsnetzbetreiber. Ähnlich funktioniert das sogenannte Redispatching. Ein weiterer Abnehmer von Lastverschiebungen ist die sogenannte Ausgleichsenergie, für die die Bilanzkreisverantwortlichen zuständig sind. Die Investitionskosten für Software und gemeinsame Datenschnittstellen liegen für kleine und mittlere Unternehmen in der Regel im vierstelligen Bereich. (2), (3)

Trends

In Bayern haben die Deutsche Energie-Agentur und das Landeswirtschaftsministerium ein Pilotprojekt gestartet, um Lastmanagementpotenziale in kleinen und mittleren Betrieben zu erfassen. In der Laufzeit bis Mitte 2016 sollen 25 Unternehmen genau analysiert werden und daraus Hilfsmittel entwickelt werden, die beispielhaft für Betriebe im ganzen Bundesgebiet sein können. Beispiele sind Hilfsmaterialien und Musterverträge für die Beauftragung von Aggregatoren. Die Dena will außerdem eine Strategie entwickeln, wie der Markt für Lastmanagement mittelfristig weiter ausgebaut werden kann. Erste Analyseergebnisse sollen im Frühjahr 2015 vorliegen. Die Zeit drängt deshalb, weil Ende 2017 das bayerische Kernkraftwerk Grafenrheinfeld vom Netz gehen soll. (4)

Alternative zu neuen Kraftwerken

Das Lastmanagement erlangte jüngst bereits höchste energiepolitische Bedeutung in der Diskussion der EU-Kommission mit der Bundesrepublik über Kapazitätsmärkte. Nach Darstellung der Kraftwerksbranche rentieren sich Investitionen in fossile Kraftwerke wegen des zunehmenden Anteils erneuerbarer Energien nicht mehr, deshalb verlangen Energieverbände wie der Verband Kommunaler Unternehmen (VKU) und der Bundesverband der Elektrizitäts- und Wasserwirtschaft (BDEW) die Einführung von Kapazitätszahlungen für das Bereithalten von Kraftwerksleistung. Vor der Einführung von Kapazitätsmärkten müssten aber Alternativen umgesetzt werden, sagte EU-Wettbewerbskommissar Joaquin Almunia. Dazu zählte er neben einem Bau von grenzüberschreitenden Stromleitungen zum europaweiten Ausgleich von Versorgungsengpässen auch das Lastmanagement. (5)

Die Bundesregierung hat bereits erkennen lassen,

dass sie dem Lastmanagement mehr Aufmerksamkeit schenken will. Im Sommer hatte die schwarz-gelbe Regierung eine neue und relativ komfortable Vermarktungsmöglichkeit für energieintensive Großbetriebe eingeführt. Seit Juli dürfen die Übertragungsnetzbetreiber bis zu 3 000 MW an schnell und sofort abschaltbaren Lasten über Auktionen ermitteln. Vergütet wird die Bereitstellung über einen Leistungspreis von 2 500 Euro/MW sowie einen Arbeitspreis zwischen 100 und 400 Euro pro Megawattstunde (MWh). Bisher wurden aber lediglich Lasten in der Größenordnung von 300 MW kontrahiert. Finanziert wird die Vergütung ab 2014 über eine neue Umlage auf den Strompreis in Höhe von aktuell 0,009 Cent/kWh. (6), (7)

Fallbeispiele

Bisher ist das Lastmanagement noch nicht sehr weit verbreitet. Das liegt nicht nur an einem Informationsdefizit vieler Betriebe. Viele Unternehmen fürchten auch Produktionsschäden oder mangelnde Möglichkeiten, auf unvorhergesehene Ereignisse in der Produktion flexibel reagieren zu können. Noch sind auch die potenziellen Erlöse für kleinere Unternehmen offenbar zu gering. Relativ leicht ändern ließen sich dagegen vom Gesetzgeber die Ausschreibungsfristen an den Regelleistungsmärkten. Für viele Unternehmen sind sie bisher zu kurzfristig. Vereinfacht und standardisiert werden müsste auch das Geschäft der Aggregatoren. Sie müssen bislang mit einer Vielzahl von Marktteilnehmern gesonderte Verträge abschließen, nämlich mit Lieferanten, Industriebetrieben, Bilanzkreisverantwortlichen, Übertragungsnetzbetreibern und Verteilnetzbetreibern. Geändert werden müsste auch die Systematik der Netzentgelte. Schaltet ein Unternehmen Leistung hinzu, muss es bei hoher Spitzenlast höhere Netzentgelte zahlen, auch wenn die Maßnahme für das gesamte Stromsystem vorteilhaft sein kann. Diese zusätzliche Belastung überwiegt derzeit teilweise die Erlösmöglichkeiten. (8)

Erleichterungen sind von der SPD zu erwarten, die mit Parteichef Sigmar Gabriel seit der jüngsten Wahl den Bundeswirtschaftsminister stellt. Im Wahlkampf hatte die Partei ein Konzept für ein Flexibilitäts- und Speichergesetz vorgelegt. Es sieht Reformen der Netzentgeltsystematik und der Regelenergiemärkte vor. So soll künftig nicht nur Regelleistung vermarktet werden können, sondern auch elektrische Arbeit. (9)

Weiterführende Literatur

(1) Lastmanagement hat Potenzial in Süddeutschland

aus energate vom 28.08.2013

(2) Energieverbrauch Zusätzliche Erlöse durch Lastmanagement beim Strom Unterstützung bei der Erschließung flexibler Lasten
aus www.maschinenmarkt.de vom 28.11.2013

(3) Technische Innovationen für die Energieflexible Fabrik
aus Zeitschr. f. wirtsch. Fabrikbetrieb, Heft 07-08/2013, S. 556-560

(4) Bayern wird Vorreiter für flexible Stromnachfrage / Bayerisches Wirtschaftsministerium und dena starten Pilotprojekt zum Demand-Side-Management in Industrie und Gewerbe
aus news aktuell, 2013-12-16

(5) EU-Kommission: Kapazitätsmarkt letztes Mittel
aus energate vom 03.12.2013

(6) Die Deutsche Energieagentur (Dena) schätzt das technische Potenzial zur Lastverlagerung in der deutschen Industrie auf etwa 7.000 MW.
aus Handelsblatt Live vom 27.06.2013 um 13:37:00

(7) Strompreis 2014: Weitere Umlagen neu festgelegt
aus VDI NR. 44 VOM 01.11.2013 SEITE 4

(8) Lastmanagement als Beitrag zur Deckung des Spitzenlastbedarfs in Süddeutschland
aus VDI NR. 44 VOM 01.11.2013 SEITE 4

(9) SPD-Konzept für zukunftsfähiges Stromsystem aus www.powernews.org Meldung vom 06.09.2013 - 11:37

Impressum

Strom - zusätzliche Erlöse durch Lastmanagement

Bibliografische Information der deutschen Nationalbibliothek

Die Deutsche Nationalbibliothek verzeichnet diese Publikation in der deutschen Nationalbibliografie; detaillierte bibliografische Daten sind im Internet über http://dnb.d-nb.de abrufbar.

ISBN: 978-3-7379-1550-2

© 2015 GBI-Genios Deutsche Wirtschaftsdatenbank GmbH, Freischützstraße 96, 81927 München, www.genios.de

Alle Rechte vorbehalten. Dieses Werk ist einschließlich aller seiner Teile – z.B. Texte, Tabellen und Grafiken - urheberrechtlich geschützt. Jede Verwertung außerhalb der Grenzen des Urheberrechtsgesetzes bedarf der vorherigen Zustimmung des Verlags. Dies gilt insbesondere auch für auszugsweise Nachdrucke, fotomechanische Vervielfältigungen (Fotokopie/Mikroskopie), Übersetzungen, Auswertungen durch Datenbanken oder ähnliche Einrichtungen und die Einspeicherung und Verarbeitung in elektronischen Systemen.